MAX YOUTUBEUR

LE MYSTÈRE DU MANGA

La méthode CHATTYCAT

S'INITIER EN DOUCEUR AUX LANGUES ÉTRANGÈRES

Des romans en français intégrant des mots et des phrases simples en anglais : une méthode d'apprentissage idéale pour les jeunes débutants !

▶ **Des mots-clés en anglais traduits à la fin de chaque chapitre.** ◀

▶ **Des versions audio sur notre site !** ◀

DÉCOUVRIR DES CULTURES ÉTRANGÈRES

Des aventures passionnantes qui font voyager !

▶ **Des carnets de voyage à la fin de chaque livre pour se plonger davantage dans la culture de la ville visitée.** ◀

Direction éditoriale : Keren Eisenzweig

PIERRE DOSSEUL

MAX YOUTUBEUR

LE MYSTÈRE DU MANGA

ILLUSTRATIONS DE
CHADIA LOUESLATI

MAX YOUTUBEUR

est au Japon...

et il a besoin de ton aide !

TA MISSION

Aider Max à élucider

le mystère du manga !

POUR RÉUSSIR...

Visite Tokyo

Découvre la culture du manga

Apprends des mots anglais !

ASTUCE

Grâce au contexte ainsi qu’aux **mots-clés en orange** traduits dans les guides de **MAX**, tu pourras comprendre **les passages en vert !**

ESSAIE... TU VERRAS COMME C'EST FACILE D'APPRENDRE L'ANGLAIS !

Océan Glacial Artique

ASIE

Russie

Japon

JAPON

Mer du Japon

Kushiro

Honshu

Hiroshima

Kyoto

Osaka

Tokyo

Océan Pacifique

Océan indien

1
LA LETTRE

DRING, DRING !

Le facteur sonne à la porte. Il met une énorme pile de lettres dans les mains de Max Landier.

— Bon courage ! dit-il en riant.

Max fait une grimace. Avec difficulté, il porte son courrier au salon et laisse tout tomber sur le canapé.

Ce n'est peut-être pas étonnant si les Landier reçoivent tant de courrier.

Les parents de Max tournent des films et sont bien connus dans le milieu du cinéma. Et il y a Marion, sa grande sœur, qui est très populaire.

Mais c'est à Max que beaucoup de ces lettres sont adressées !

Superstar sur Youtube grâce à ses vidéos, Max, en plus des sms et des e-mails, reçoit des lettres de partout dans le monde.

Ses abonnés ont triplé après les dernières vidéos qu'il a tournées. Ses fans avaient pu aider Max à élucider toutes sortes de mystères : en Égypte, il avait résolu l'énigme de la momie vivante, tandis qu'à New York, il avait aidé à innocenter une super-héroïne, et à Hollywood, il avait découvert l'auteur de la destruction des étoiles du **Walk of Fame**.

Souriant, Max trie rapidement le courrier.

— Ici, la pile de papa et maman, là, celle de Marion... et voici mon courrier. **Wow ! Look ! There is a lot of mail !**

Tout en filmant une vidéo pour sa chaîne Youtube, Max examine ses lettres avec intérêt. Il y a surtout des enveloppes ornées de cœurs ou de petits dessins. Il les met de côté en souriant. Ce sont des lettres de ses fans ! Il les lira plus tard, quand il aura le temps d'y répondre.

Tiens ! Et ça, qu'est-ce que c'est ?

Max prend une enveloppe plus épaisse et l'examine. Que peut-il y avoir à l'intérieur ?

Il l'ouvre. C'est un livre ! Mais pas n'importe lequel : c'est une vieille bande dessinée dont les pages sont toutes jaunies.

Max l’examine de plus près : c’est un manga !

Le titre anglais est écrit en gros : **DRAGON DONZO**. Un numéro indique que ce manga est le quatrième d’une série.

— Trop cool ! s’exclame-t-il. **I love mangas ! Oh ! What is that ?**

Un billet d’avion vient de glisser des pages du manga.

Max l’examine de plus près : c’est un billet à son nom, à destination de Tokyo !

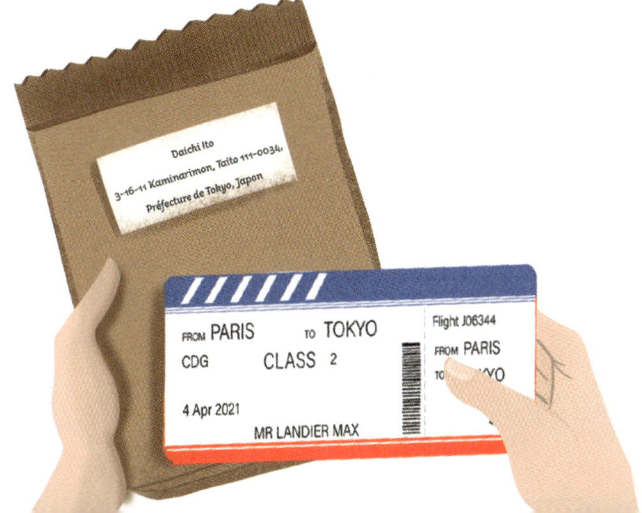

— **Who sent me this ?**

Il retourne l'enveloppe. Le nom et l'adresse de l'expéditeur sont clairement indiqués.

— Je ne connais pas cette personne, murmure Max. Bizarre ! **What do you think, everyone ?**

Vite, il met le clip qu'il vient de tourner sur son ordinateur.

À peine a-t-il téléchargé sa nouvelle vidéo sur Youtube que Marion, sa grande sœur, ouvre la porte d'entrée. Elle tient deux sacs bien remplis.

— Tu as encore fait du shopping ? demande Max, taquin.

— Ce n'est pas ma faute ! se défend Marion. Ce n'est pas tous les jours que je passe le Bac et que papa et maman m'offrent un voyage à New York avec mes deux meilleures copines. Regarde ce que j'ai acheté : un nouveau pull, des nouvelles lunettes de soleil et... oh ! Qu'est-ce que c'est, ça ?

Elle se baisse et ramasse un petit bout de papier par terre.

— Ça alors ! s'exclame Max. Ce message a dû tomber quand j'ai ouvert la lettre. C'est très mystérieux ! Cet homme me dit qu'il a besoin de mon aide. **He wants me to film his manga !**

LE GUIDE DE MAX
look
mail
I love
who sent me this
regarde
courrier
j'aime
qui m'a envoyé ceci

2
À TOKYO

— Et maintenant, allons trouver Daichi Ito ! s'exclame Max.

Max, sa sœur et les deux meilleures amies de cette dernière viennent d'arriver à leur hôtel dans le centre de Tokyo.

Finalement, Max n'a pas eu beaucoup de mal à convaincre ses parents de le laisser partir.

Les copines de Marion, elles, sont ravies de partir à la chasse au mystère à Tokyo !

Heureusement qu'il n'était pas trop tard pour changer leurs billets !

— Tu veux trouver Daichi Ito tout de suite ? s'étonne Marion. Moi, j'aimerais d'abord me promener un peu et profiter de Tokyo !

— Je veux avoir une pédicure avec des poissons, dit Jeanne, une des amies de Marion.

— Et moi, je veux voir la statue du chien Hachiko dans le quartier de Shibuya ! déclare Alice, son autre amie.

— Retrouvons-nous ce soir, propose Marion, pour un petit dîner de nouilles soba !

Prenant son manga avec lui, Max quitte donc Marion, Jeanne et Alice.

Faisant une recherche rapide sur son portable, il trouve facilement le métro à prendre pour se rendre chez Daichi Ito.

Sortant du métro, il se promène dans un joli quartier nommé Asakusa, qui a gardé son style japonais traditionnel.

C'est très différent du quartier où se situe son hôtel, avec ses gratte-ciel en acier !

Max sort sa caméra pour filmer. Ce quartier est vraiment très beau !

Après quelques détours, il réussit enfin à trouver l'appartement de Daichi Ito. Il sonne.

Quelques instants plus tard, la porte s'ouvre.

Un jeune garçon de son âge le regarde avec curiosité.

— J'aimerais voir Daichi Ito, dit Max. **I would like to see** Daichi Ito.

Max se dit qu'il aura plus de chance de se faire comprendre s'il parle anglais !

— Daichi Ito ? répète le garçon, stupéfait.

— **Yes. Can I speak to him ?**

Le garçon baisse les yeux, des larmes coulent et il murmure en anglais hésitant :

— **No. You cannot. My father**, Daichi Ito, **is dead !**

Daichi Ito est mort !

LE GUIDE DE MAX

I would like to see	**j'aimerais voir**
yes	**oui**
can I speak to him	**puis-je lui parler**
no	**non**
you cannot	**tu ne peux pas**
father	**père**
dead	**mort**

3
AKINARU ITO

— **I'm sorry,** murmure Max. Je suis vraiment désolé ! Mais je ne comprends pas. J'ai reçu une lettre de lui il y a une semaine... **a letter ! He needed help !**

Le garçon le regarde longuement. Puis il le reconnaît :

— **You are** Max Landier.

— **Yes,** répond Max. **What is your name ?**

— Akinaru Ito. **I love your videos. My**

father loved them too.

Max est flatté d'entendre qu'Akinaru aime ses vidéos et que son père les aimait aussi.

Mais il ne comprend toujours pas pourquoi celui-ci lui a écrit pour demander son aide.

Akinaru lui propose de prendre un thé glacé. Les deux garçons quittent Asakusa et se dirigent dans le quartier un peu plus moderne d'Ueno.

Ils entrent dans un café. Et là, Max n'en croit pas ses yeux ! Le café est rempli de chats !

Certains se promènent entre les chaises, d'autres dorment sur les tables. Akinaru explique que ce genre de café est commun à Tokyo.

— **I must film this !** dit Max, sortant sa caméra.

— **So... the letter ?** demande le garçon japonais en s'asseyant.

— **Your father sent me this manga,** explique Max, tendant le manga au garçon. **He sent me a letter and a plane ticket, too. Why ?**

Pendant que Max explique que Daichi Ito lui a envoyé une lettre et un billet d'avion, Akinaru regarde le manga, étonné.

— **I don't understand ! This manga series, Dragon Donzo, is popular.**

But my father doesn't read mangas.

Selon Akinaru, Dragon Donzo est une série de mangas très populaire. Mais son père ne lit pas de mangas ! Max est intrigué.

— Mais pourquoi me l'avoir envoyé ? **Why ?**

— **I don't know,** dit Akinaru tristement.

— Je suis vaiment désolé de ce qui t'arrive, murmure Max. **I'm sorry.**

Le garçon japonais essuie une larme.

— **My father was very sick,** explique-t-il.

Selon Akinaru, son père était malade depuis longtemps. Mais il avait tant de problèmes au travail dernièrement que son état s'était subitement aggravé.

Max se redresse :

— Je me demande si c'est à cause de ces problèmes qu'il m'a contacté !

Akinaru raconte que son père, avec une

associée, Cheisi Ono, avait monté une entreprise quelques années plut tôt. L'entreprise marchait bien. Mais quelques mois auparavant, Cheisi Ono et lui s'étaient disputés pour des histoires d'argent. Et à sa mort on avait découvert que son père avait retiré tout son argent de la banque ! Et cet argent avait disparu !

Max ouvre de grands yeux :

— Son associée le lui a-t-elle volé ? **Did she steal the money ?**

C'est la théorie d'Akinaru. Mais l'associée prétend qu'elle n'a rien fait.

Toute cette histoire n'importerait pas à Akinaru si sa famille n'avait pas des problèmes d'argent.

Or, sa mère n'arrive plus à payer le loyer.

Elle risque de perdre son appartement. Akinaru ne sait pas quoi faire.

En finissant son histoire, le garçon se met à sangloter.

LE GUIDE DE MAX

a letter	une lettre
what is your name	comment t'appelles-tu
sent me	m'a envoyé
plane ticket	billet d'avion
I don't understand	je ne comprends pas
doesn't read	ne lit pas
I don't know	je ne sais pas
very sick	très malade
did she steal	a-t-elle volé
the money	l'argent

4
UNE ENQUÊTE

Tout en réfléchissant au mystère de Daichi Ito, Max accepte d'accompagner Marion et ses amies dans leur découverte de Tokyo.

Les journées sont bien remplies. Max, Marion et ses amies visitent le musée du Samouraï, un genre de guerrier japonais qui se battait avec une longue épée ; ils traversent la rue la plus la plus fréquentée du monde, à Shibuya, et plus tard, Max filme la tour de Tokyo.

Mais très vite, le portable de Max sonne.

— **It's me.** Akinaru. Max, **we must speak. Please meet me at Shinjuku Station.**

— **Okay !**

Max raccroche. Tout en se demandant ce qui se passe, il met rapidement la vidéo qu'il vient de terminer sur Youtube.

C'est la première vidéo qu'il a mise sur Internet depuis qu'il a reçu le manga de Daichi Ito. Ses abonnés ne doivent pas être très contents !

Ensuite il débranche sa caméra et la glisse dans une sacoche.

— Je sors ! déclare-t-il.

— D'accord, marmonne Marion, qui fait la grasse matinée.

Max prend le métro jusqu'à la station Shinjuku. Akinaru l'attend à la sortie.

— **What is wrong ?** s'inquiète Max.

— **Come,** dit Akinaru.

Il l'emmène dans Shinjuku Gyoen.

Max est ébloui par la beauté de ce parc verdoyant. Ils passent devant plusieurs jardins de styles différents et de nombreux cerisiers.

Akinaru se tourne vers lui :

— **We must find the money. Or we will lose our apartment before next week !**

— Quoi ? s'exclame Max. Vous n'avez que jusqu'à la semaine prochaine pour trouver l'argent, sinon vous allez perdre votre appartement ?

— **I will look for it at Cheisi Ono's apartment,** déclare le garçon japonais.

Il explique à Max qu'il va fouiller l'appartement de Cheisi Ono, l'associée de son père. Il pense qu'elle a caché quelque part des documents qui révéleraient où est l'argent !

— Mais tu pourrais avoir des ennuis si tu es découvert, s'inquiète Max.

Akinaru ne l'écoute pas. Il est décidé.

— Je viens avec toi ! dit Max.

Les deux garçons sortent du grand parc et longent une route. Ils se trouvent maintenant devant l'entrée du parc Yoyogi.

— **Thank you,** Max, dit Akinaru. **Let's go to her apartment.**

Il montre du doigt un bâtiment qui surplombe le parc.

— Maintenant ? s'étonne Max. Mais elle est peut-être chez elle !

Akinaru fait non de la tête :

— **I know she is not there.**

Akinaru semble certain que Cheisi Ono n'est pas là, mais Max n'est pas rassuré. Et s'il se trompait ?

Hésitant, Max suit Akinaru dans l'immeuble. Ils prennent l'ascenseur jusqu'au septième étage. Ensuite, ils se dirigent vers la porte du fond.

Akinaru explique qu'il venait tout le temps chez Cheisi Ono quand elle et son père s'entendaient bien.

— Comment va-t-on faire pour entrer ? demande Max.

— **You'll see.**

Akinaru passe son doigt sur le rebord supérieur de la porte et en retire une petite clé. Il explique qu'elle laisse toujours un double de ses clés ici, juste au cas où. Puis il ouvre la porte et entre dans l'appartement.

Le cœur de Max bat plus vite. Il sait qu'il ne devrait pas être là. Mais il doit aider Akinaru ! Prenant son courage à deux mains, il entre à son tour.

Ils se retrouvent dans une petite pièce qui fait office de salle à manger et de cuisine. Une porte mène au balcon et une deuxième à la chambre à coucher.

Akinaru lui propose de chercher des papiers qui semblent importants dans le salon pendant que lui ira dans la chambre.

Serrant les dents, Max fouille les armoires et les étagères. Il enlève les coussins du canapé et s'accroupit pour regarder sous les meubles, à l'aide de la lampe-torche de son portable.

Puis, tout à coup, son sang se glace.

Il a entendu des pas ! Ce doit être Cheisi Ono qui revient plus tôt que prévu !

Vite ! Où peut-il se cacher ?

Les pas se rapprochent !

Il se réfugie sur le balcon et ferme la porte juste au moment où elle entre. Sauvé !

Mais un instant plus tard, il se rappelle qu'il n'a pas remis les coussins en place. Cheisi Ono ne tardera pas à savoir que quelqu'un est entré chez elle !

Effectivement, il entend bientôt une exclamation de surprise.

— Pourvu qu'elle ne pense pas à regarder ici, se dit Max.

Pendant quelques instants, il n'entend plus rien. Puis, tout à coup, les pas recommencent... Cheisi Ono vient vers lui !

— **Oh, no !** murmure le garçon.

Comment faire pour s'échapper ?

Il examine le balcon en dessous du sien.

Il est un peu plus large. Si Max réussit à sauter juste comme il faut…

Les pas se rapprochent encore !

— De toute façon, je n'ai pas le choix, décide-t-il.

Il descend du balcon avec précaution, ferme les yeux et se laisse tomber.

Ouf ! Max atterrit sur le balcon du dessous, et pas une minute trop tôt : la porte du dessus s'ouvre et il aperçoit la tête d'une femme penchée sur son balcon, regardant la rue. Ce doit être Cheisi Ono ! L'a-t-elle vu ?

Vite, Max ouvre la porte de l'appartement du dessous. Heureusement, elle n'est pas fermée à clé ! Il s'échappe de l'immeuble en courant et se retrouve bientôt dans le grand parc Yoyogi. Tout en courant, il essaie d'envoyer un sms à Akinaru. Mais son portable n'a plus de batterie !

— Zut ! marmonne-t-il. J'espère qu'il a réussi à s'échapper, lui aussi !

Après quelques minutes de course, Max ralentit.

— Si Cheisi Ono m'a suivi, elle a certainement perdu ma trace dans ce grand parc !

Il aperçoit devant lui un grand bâtiment en bois aux formes japonaises traditionnelles.

Le monument est si beau qu'il en oublie presque l'aventure qu'il vient de vivre. Max sort sa caméra et fixe l'objectif sur la belle bâtisse.

Soudain, il sent une main sur son épaule. Il se retourne et voit, avec effroi, Cheisi Ono ! Elle lui parle d'abord en japonais d'un ton énervé.

— Je ne comprends pas, s'excuse Max. **I don't understand !**

— **Why did you enter my apartment ?** accuse-t-elle.

— **I was looking for Daichi Ito's money,** se justifie Max.

— **I know where the money is. And part of it belongs to me !**

Elle lui dit qu'une partie de l'argent lui revient. Elle ne l'a pas, mais elle sait où il se trouve ! Puis, avant que Max ne soit revenu de sa surprise, elle s'éloigne !

English	Français
it's me	**c'est moi**
we must speak	**nous devons parler**
meet me	**rencontre-moi**
what is wrong	**qu'est-ce qui ne va pas**
come	**viens**
find	**trouver**
or we will lose	**ou nous allons perdre**
I will look for it	**je vais le chercher**
let's go	**allons-y**

5
CHEISI ONO

— Max !

Akinaru accourt.

— **You escaped ?**

— **Yes,** dit Max, je me suis échappé… **but Cheisi Ono found me !**

Il raconte ensuite la scène qu'il vient de vivre.

Akinaru raconte à son tour s'être caché dans le placard de la chambre jusqu'à ce que Cheisi Ono reparte.

— **Sorry. It's my fault,** s'excuse-t-il tristement.

Max change vite de sujet : il pointe du doigt le monument dont la beauté l'avait frappé.

— Comment s'appelle ce bâtiment ? **What is its name ?**

Akinaru sourit :

— *Meiji Jingu.*

Puis il explique que c'est un grand sanctuaire qui a été bâti il y a cent ans.

— Il est trop beau ! déclare Max. **It's beautiful !**

Les garçons sortent du parc et passent devant un stand où Max achète deux **bubble teas,** boissons remplies de perles de tapioca.

Puis, tout en sirotant leurs thés avec de grosses pailles, ils longent la rue.

— **Look,** dit Akinaru en s'arrêtant devant la vitrine d'un magasin de manga. **I will sell the manga.**

— Si tu veux, dit Max, distrait. Il réfléchit encore aux mots de Cheisi Ono.

— **I will come back,** décide Akinaru.

— Dis-moi, questionne Max, es-tu certain que ce soit Cheisi Ono qui a volé l'argent ? **Are you sure ?**

— **No,** avoue Akinaru.

Mais il n'a pas d'autres théories.

Max réfléchit. Où serait passé cet argent si ce n'est pas Cheisi Ono qui l'a volé ?

Soudain, Akinaru regarde sa montre et s'exclame :

— **I must go ! But wait… there is a manga festival tonight.**

Il explique que son père et lui étaient allés l'année dernière à ce festival et qu'ils avaient beaucoup aimé, même s'ils ne s'y connaissaient pas beaucoup en mangas.

— **Would you like to come ?** invite-t-il.

— Si je veux venir à un festival de manga ? s'exclame Max. **Oh, yes !**

you escaped	**tu t'es échappé**
found me	**m'a trouvé**
it's my fault	**c'est de ma faute**
it's beautiful	**c'est beau**
look	**regarde**
I will sell	**je vais vendre**
I will come back	**je reviendrai**
tonight	**ce soir**

6
LE MANGA

— Wouah ! C'est énorme !

Max, Akinaru, Marion et ses deux amies viennent d'arriver au festival de manga.

Max est ébloui par cette grande salle dans laquelle se promènent une foule de gens.

Des stands sont couverts de mangas et les murs sont décorés d'affiches.

Le petit groupe croise plusieurs personnes déguisées en personnages célèbres de manga.

— Regarde ! dit Marion en pointant un stand du doigt. *Dragon Donzo* ! C'est le nom du manga que tu as reçu, non ?

Le portable de Max se met à vibrer.

— **Your cell phone,** dit Akinaru.

— **Oh, it's nothing,** fait Max. Ce sont juste des notifications. J'en ai eu toute la journée. Mes abonnés doivent aimer ma dernière vidéo !

— Ou la détester, le taquine Marion.

BZZ ! BZZ !

— Ça n'arrête pas ! se plaint Jeanne. Tu ne veux pas éteindre ton portable ?

— Bon, d'accord, accepte Max. Il sort son téléphone portable de sa poche.

Et là, son regard se fige sur l'écran.

— Qu'est-ce qu'il y a ? demande Alice.

— Attends… laisse-moi réfléchir… je crois que je viens de comprendre !

— Comprendre quoi ? insiste-t-elle.

Max ne répond pas. Il court au stand sur lequel se trouvent les *Dragon Donzo*.

— Est-ce que vous parlez français ? demande-t-il. **Or English ?**

— **A little English,** répond le vendeur.

— **Do you have** *Dragon Donzo* **number four ?**

— **Number four ? It doesn't exist !**

Le vendeur explique que la série n'a pas de numéro quatre car au Japon, ce chiffre porte malheur.

Max se tourne vers ses amis :

— Ça confirme ce que m'a dit une de mes

abonnées Youtube ! Selon elle, le manga que le père d'Akinaru m'avait envoyé est spécial. C'est vrai qu'il appartient à une série très connue. Mais il n'y a jamais eu de numéro quatre !

« Ce manga a été imprimé en secret. Il est sans doute le seul exemplaire existant. Ce qui veut dire qu'il vaut une fortune !

« Cheisi Ono n'a pas volé l'argent de ton père. C'est lui qui l'a caché en achetant ce manga. La fortune de ton père était là, sous nos yeux, depuis le début !

— Incroyable ! murmure Marion. Comment l'as-tu deviné ?

— C'est grâce à une fan, explique Max. Elle a vu ma vidéo et a reconnu le manga. Heureusement que mes fans sont là ! Et heureusement que je prends des cours d'anglais, sinon je n'aurais pas compris son commentaire et l'argent aurait été perdu pour toujours ! On a réussi, Akinaru ! **We succeeded ! What's wrong ?**

Akinaru est devenu très pâle. D'une voix basse, il dit :

– **I don't have it.**

– **What ?**

– **I sold the manga... for one hundred yen !**

Max est abasourdi. Cent yen, c'est moins d'un euro !

Vite, il décide :

– Il n'y a pas une minute à perdre. Il faut aller...

Sa phrase est interrompue par un petit cri

étranglé.

Akinaru montre du doigt une femme qui sort du festival en courant.

C’est Cheisi Ono. Qu’a-t-elle entendu ?

LE GUIDE DE MAX

cell phone	**portable**
it's nothing	**ce n'est rien**
a little	**un peu**
do you have	**avez-vous**
number four	**numéro quatre**
it doesn't exist	**il n'existe pas**
we succeeded	**nous avons réussi**
I don't have it	**je ne l'ai pas**
what	**quoi**
I sold	**j'ai vendu**

7
UNE POURSUITE

— *Dragon Donzo* ! Le manga que mon ami vous a vendu ! Où est-il ?

Le vendeur regarde Max, étonné.

— **What ?** répond-il.

Akinaru lui explique rapidement son erreur.

— Vous comprenez ? demande Max. On doit le trouver… **find it !**

— **I understand,** dit le vendeur. **I will find it.**

Il cherche l’exemplaire dans les piles de mangas. Quelques instants plus tard, il revient, les mains vides.

Il ne l’a plus !

— **What ?** Quoi ? s'écrient en cœur Max, Marion, Jeanne, Alice et Akinaru.

L'homme réfléchit, l'air confus.

Soudain son expression s'éclaircit. Il se rappelle qu'une femme d'une cinquantaine d'années est venue acheter quelques mangas. Elle a dû prendre celui-là sans s'en rendre compte.

— Cheisi Ono ! s'écrie Akinaru. **She stole the manga !**

Max se tourne vers ses amis :

— Il n'y a pas une minute à perdre. Cette femme doit être dans les environs. Séparons-nous : Jeanne et Alice, partez à droite. Marion, à gauche. Akinaru, suis-moi !

Aussitôt dit, aussitôt fait. Le petit groupe se sépare. Akinaru et Max s'engouffrent dans une petite ruelle qui débouche sur un grand marché.

Akinaru explique qu'ils sont dans *Tsukiji,* le plus grand marché de poissons du monde.

— Ce n’est pas le moment de faire le guide touristique ! s’exclame Max en haletant. Il faut trouver Cheisi Ono !

Ils courent le long des stands du marché. Soudain, Akinaru s'écrie :

— **Look !**

Max aperçoit au loin une femme courant aussi vite qu'elle peut, bousculant des étalages de poissons.

Il envoie vite un SMS à sa sœur :

`On l'a trouvé. RDV Tsukiji`

Puis il allume sa caméra. Il doit filmer ce dénouement pour ses abonnés !

Quelques jours plus tard, Max attend l'avion avec Marion, Jeanne et Alice.

Il repense à l'aventure qu'il vient de vivre.

Ils avaient trouvé Cheisi Ono juste à temps. Elle tenait le manga précieux dans sa main. Elle avait fini par avouer qu'elle avait entendu leur conversation et qu'elle s'était dépêchée de trouver le manga avant eux.

Mais au lieu de s'excuser, elle avait blâmé Akinaru et Max car ils avaient fouillé son appartement sans permission !

Et Max avait exprimé son regret de l'avoir fait maintenant qu'il savait qu'elle n'avait pas volé l'argent !

Finalement, Akinaru et Cheisi Ono

arrivèrent à un compromis : ils partageraient la fortune de Daishi Ito, dans laquelle Cheisi Ono avait tout de même une part. Comme ça, la mère d'Akinaru garderait son appartement et Cheisi Ono recevrait ce qui lui était dû.

Tout finit bien !

Et cette heureuse conclusion, Max la doit à ses abonnés !

THE END

TABLE

Le carnet de voyage de Max
日本
Japan
On mange des sushis et des sobas (un genre de nouilles japonaises !)
寿司
FILMS
VOYAGES
Un samuraï, un guerrier japonais

Le Temple Sensoji, le temple le plus vieux du monde !

Les cerisiers, emblêmatiques du Japon !

Souvenirs Festival Manga :
日本
Japan
Ticket d'Entrée
I 愛
MANGA
Kawaï
日本
について

Souvenirs du marché aux poissons :

LE MANGA

DRAGON DONZO

4

DANS LA MÊME SÉRIE...

MAX YOUTUBEUR À HOLLYWOOD

« Les membres de la société secrète entrent un par un, après avoir chuchoté quelque chose dans l'oreille de Jane. Un mot de passe !

Le cœur de Max bat très fort. Bientôt, ce sera son tour... et il n'a pas la moindre idée de ce qu'il faut dire !

— **Oh, no,** murmure-t-il. »

DES SUPER-HÉROS À NEW YORK

« Soudain, Max entend un bruit bizarre. C'est un hélicoptère qui survole le théâtre ! On entend une voix tonner :

— **We know you're there. Surrender, Green Goddess !**

— **The police !** souffle-t-elle. **Remember your promise, Max ! Help me !**

Trois galipettes plus tard, elle a disparu ! »

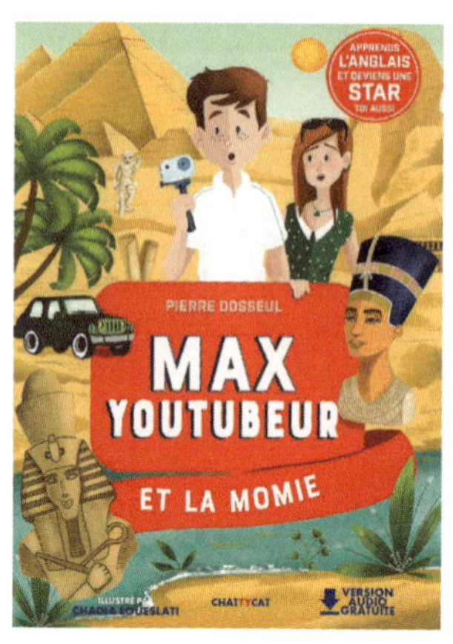

MAX YOUTUBEUR ET LA MOMIE

« — **Now we will visit another underground room. It was never finished,** déclare le guide.

Le trajet est long, et Max en profite pour regarder les vidéos qu'il vient de tourner.

Tout à coup, son sang se glace !

Dans la vidéo en mode selfie tournée dans la chambre de la reine, il aperçoit en arrière-plan…

La momie ! »

CONNAIS-TU LES AVENTURES DE CLÉO LEFORT ?

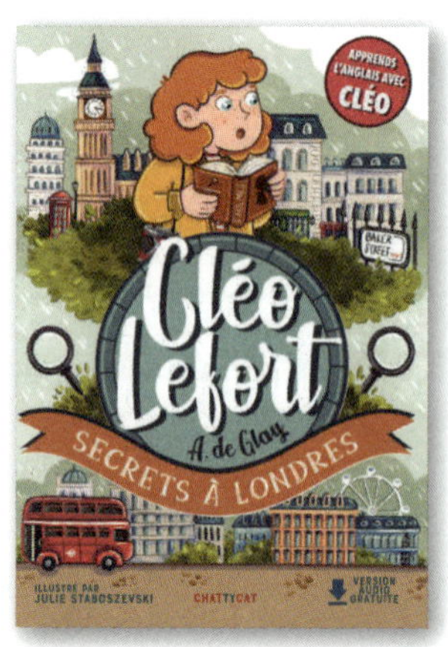

SECRETS À LONDRES

« Une lumière faible provenant d'une source inconnue perçait l'obscurité.

— Quelque chose ou quelqu'un se trouve là, derrière, se dit Cléo.

Soudain, une main se posa sur son épaule.

— **What are you doing here ?** demanda une voix sèche qu'elle reconnut. »

ENQUÊTE À NEW YORK

« — **A secret passage,** souffla Cléo.

Le cœur palpitant, elle se faufila à travers l'ouverture.

— **The noise comes from here !** murmura-t-elle. Mais pourquoi ?

Soudain, le couloir fit un coude.

Une lumière faible provenant d'une source inconnue perçait l'obscurité.

— **Let's go,** Cléo. Courage ! »

CANADA
UNITED STATES
SOUTH
AMERICA
NYC
CENTRAL PARK
5TH AVE
TIMES
SQUARE
EAST
RIVER
BROOKLYN
BROADWAY

DÉCOUVRE AUSSI...

MYSTÈRE À TORONTO

Cléo cherche une productrice de sirop d'érable disparue !

APPARITION À SYDNEY

Cléo découvre un mystérieux tableau sur Bondi Beach...

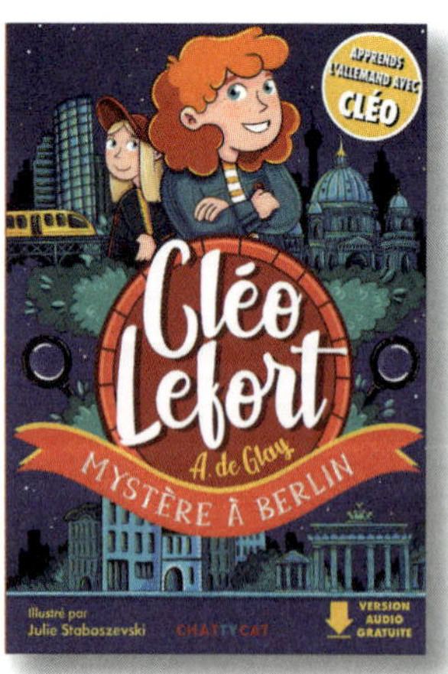

MYSTÈRE À BERLIN

Découvre l'allemand en aidant Cléo à résoudre l'énigme de la porte de Brandebourg !

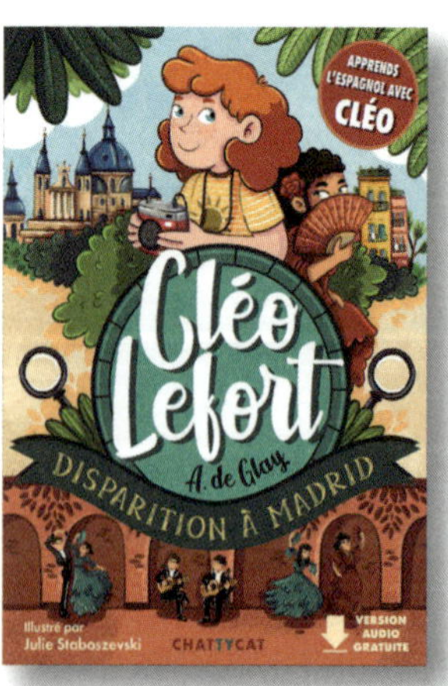

DISPARITION À MADRID

Apprends des mots espagnols en cherchant avec Cléo une jeune fille disparue !

TOUS NOS LIVRES SUR WWW.CHATTYCAT.FR

DÉCOUVRE LES AVENTURES DE GREEN GODDESS... EN BD !

GREEN GODDESS DÉFEND NEW YORK

Écris-nous à **fanclub@chattycat.fr** pour nous donner tes impressions sur la série !

Retrouvre toute l'actualité de MAX YOUTUBEUR :

Et suis-nous sur les réseaux sociaux !

Chattycat

chattycatbooks

editionschattycat

CHATTYCAT

17 rue Pascal, 75005 Paris

Dépot légal : octobre 2021 • ISBN 979-10-96106-75-2

Loi n° 49-956 du 16 juillet 1949 sur les publications destinées à la jeunesse modifiée par la loi n° 2011-525 du 17 mai 2011

Achevé d'imprimer en octobre 2021, en Europe, par Typolibris

www.chattycat.fr